Essay Poem

강재현 시집

사는게 힘들 땐
너의 마음을 열어 봐!

오롯한 시간
우주를 가득 채운
마음 하나

상처 받은
영혼을 치유할 수 있는
빨간약 한 방울

너를 위해
숨겨놓은
선물이란다

강재현 시집

마음이 주는 선물

인쇄 | 2019년 10월 10일
발행 | 2019년 10월 10일

글쓴이 | 강재현

펴낸이 | 윤조
펴낸곳 | 도서출판 윤조 MEDIA
　　　　　서울 강남구 개로포25길 13-10, 302호 개포동, 베네스트
　　　　　대표전화 010-2000-2967

등 록 일 | 2018년 11월 12일
이-메일 | yunjohara@naver.com

편　집 | 김인옥
교　열 | 배성숙 전은경

ⓒ 강재현, 2018, Printed in Korea
무단전재와 무단복제를 금지합니다.
저자와 협의하여 인지를 생략합니다.

ISBN 979-11-965453-4-5 03800

값 13,000원

영혼의 울림으로 전하는 Essay Poem

마음이 주는 선물

강재현 詩

시인의 말

망망한 바다 위에 떠 있을 때
멀리 보이는 등대 불빛이
희망이 되듯

막막한 인생길 위에 서 있을 때
영혼이 맑은 당신의 눈빛이
내겐 따뜻한 위로가 됩니다

바로 지금 이 순간, 이 시집을 손에 든
당신의 눈빛입니다

함께 마음을 나눌 수 있는
단 한 사람의 독자만 있어도
시인에게 있어서는
참으로 행복한 일이며
의미 있는 일입니다

언제라도 소통과 공감의 문을
활짝 열어두겠습니다

맑은 영혼으로
한 줄 시를 함께 나눌 수 있는
독자와의 아름다운 만남을
축원합니다

차례

♠ 시인의 말

첫 번째 인생

살다보니 그런 날도 있더라

소우주 12 | 몸부림 14 | 통 15 | 살다보면 16
영혼의 마음이 시키는 대로 20 | 얼굴 22 | 못갖춘마디 인생 23
가면 24 | 참살이 인생 26 | 인생의 나이테 28 | 기회 30
간절곳 31 | 본성 32 | EGO 33 | 간절함 34
자연이 시키는 일 1 36 | 자연이 시키는 일 2 37 | 안경 38
4월에 내리는 눈 40 | 3월에 내리는 눈 42

두 번째
사람

그리운 사람이 가슴속에 산다는 건

사람 열매 46 | 사람을 사랑하는 일 47 | 사춘기 딸 사용법 48

관계 50 | 대화의 비법 52 | 생활 속의 도인 54

아직 흘릴 눈물이 남아있다는 건 58 | 상처 60

그리운 사람이 가슴속에 산다는 건 61 | 온전한 내 편 62

페이스북 64 | 인연굿 1 65 | 인연굿 2 66 | 인연굿 3 67

카카오 스토리 68 | 삶 70 | 시절 인연 1 72 | 시절 인연 2 73

詩, 소리를 담는 사람들 74

그대! 누군가의 눈물을 닦아준 적이 있는가? 76

그냥 78 | 인생길 80 | 지금은 사랑할 시간 82

세 번째
자연

별을 닮은 그대에게!

담쟁이넝쿨 86 | 처녀치마꽃 88 | 선주름잎꽃 89 | 석잠풀꽃 90
이삭여뀌 91 | 닭의장풀 92 | 풍선초 94 | 고마리꽃 95
옹기 96 | 한 편의 시처럼 98 | 우설 100 | 숯막 102
산낙지를 먹으며 104 | 하늘 인연 106 | 너도밤나무 107
꽃의 도시, 피렌체 108 | 여행 110 | 한탄강 벼룻길 112
고정관념에서 벗어나기 114 | 내린천 휴게소 116

네 번째
치유

마음의 상처가 아무는 시간

순리 120 | 절제 125 | 화를 다스려주세요 126 | 道의 길 128
나를 사랑할 시간 131 | 행복 연습 132 | 도를 아십니까? 134
알아차림 136 | 길 137 | 자아의 발견 138 | 마음의 범종 140
관조 142 | 참나를 찾아 144 | 斷 끊을 단 145 | 술 146
사랑 147 | 상처가 아무는 시간 148 | 치유의 시간 150
마음 밭에 뿌린 씨앗 152 | 방하착 157 | 까르마 158
분노의 감정에서 자유로워지는 연습 160 | 마음 청소 162
척, 척, 척 163 | 행복 164

첫번째
인생

살다보니
그런 날도
있더라

소우주

살다보면
가끔 넘어지는 날이 옵니다
빨리 달리는 날만 있으면 그 속도감에
오만해지게 될까봐
대자연은 그렇게 소우주의 달음박질에
브레이크를 걸어줍니다

살다보면
가끔 예상치 못한
큰 선물을 받는 날도 옵니다
너무 오래 넘어져 있으면
앉은뱅이가 될지도 모르니
다시 일어나 달리라고
대자연은 그렇게
소우주에 펌핑 에너지를 줍니다

눈물밥을 지어 먹는 날도
웃음탕을 끓여 먹는 날도
지나고 나면 다 하룻밤 꿈같은 일일지니

일희일비하지 말고
대자연의 기운 그대로를
자신이라는 소우주에 가득 채우며
살 수 있길 소망합니다

지금 이 순간도 우주는
"나" 자신이라는
우주의 중심축
소우주를 중심으로 돌아가고 있을지니

넘어져 주저앉아 있는 상황이라면
일어나 다시 걸을 시간이요,
달리고 있는 상황이라면
숨이 넘어가기 전
쉼을 가져야 할 시간입니다

몸부림

마음이 끓는 물에 덴
개구리처럼 날뛸 때가 있다

천방지축 날뛰는 마음을 보게 되더라도
절대 자학하지 말라

오죽하면
날뛰어서라도 살아남고자 하는
처절한 몸부림인 거니까

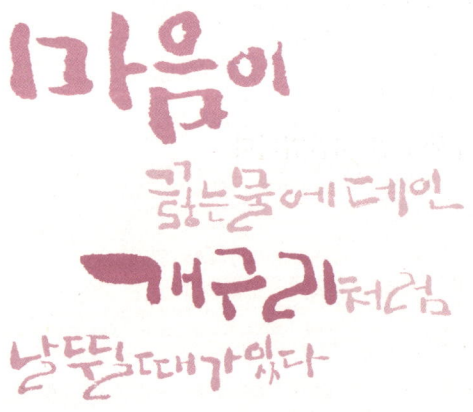

통

지지마라 지지마라
해도
꽃은 지듯이

가지마라 가지마라
해도
갈 사람은 가고

늙지마라 늙지마라
해도
우리네 몸은 절로절로 늙어갑니다

어제를 발판으로
오늘을 살고,
오늘을 화두로
내일을 열어갈 우리

꽃이 피는 시절이 있으면
반드시 꽃이 시드는 시절이 오듯
우리네 몸도 마음도 물 흐르듯
절로절로 통通해야 합니다

살다 보면

살다보면 그런 날도 있더라
이유도 모른 채
뒤통수를 한 대 후려 맞는 듯한 그런 날

살다보면 그런 날도 있더라
먹먹해지는 가슴 한 비짝에
그리움이라는 등불을 켜 들고
오지 않는 사람을 기다리는 그런 날

살다보면 그런 날도 있더라
너무 가슴이 아픈데
악몽을 꾸듯 짧은 비명 한 마디도
내지를 수도 없는 그런 날

그렇게 그렇게 살다보니,
살다보니 그런 날도 있더라
원망이라는 잡초를 뽑아놓고
미움이라는 싹을 잘라놓고
질시라는 돌멩이들을 골라내고
마음의 빈 밭을 들여다보니

거기! 태초에 내가 심어놓은 업장 하나가
가슴을 헤집어 내고 있음을
알아차리는 그런 날

살다보니 그런 날도 있더라
지금 내가 심고 있는
이 행의 밀알 한 알이 너무도 소중해서
기도로 하루를 채우며
살아가야 함을 알게 되는 그런 날

살다보면 또 어떤 날이 올지
아무도 알 수 없으나
훗날 뒤돌아 걸어온 발자취를 바라볼 때
누군가에게 나직이 들려주어도
부끄럽지 않을
그런 시간을 살고 싶다는
소망을 간직하게 되는 날

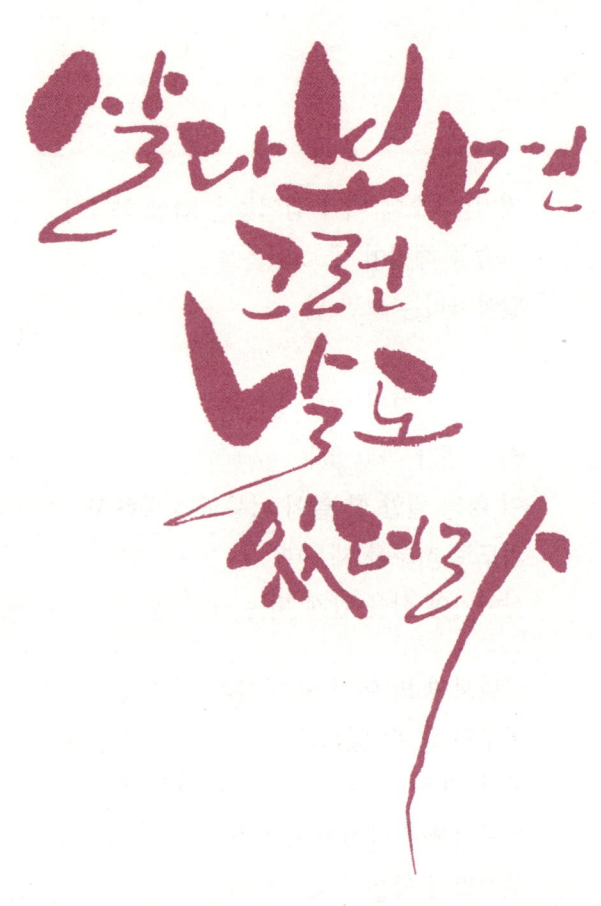

'살다보니 그런 날도 있더라!'
아무런 조건도 욕심도 없이
살아 숨 쉬는 이 순간에
그저 감사함을 느끼게 되는 그런 날

영혼의 마음이 시키는 대로

우리는 매 순간
선택의 기로에서 갈등하며 살게 됩니다

두 갈래 세 갈래로
갈라진 길 위에서
결국, 하나의 길을 선택해야 할 때는
가지 않은 길에 대한
많은 기회비용을 지불하고
가야만 하는 것입니다

중요한 선택을 해야 할 때는
급한 것보다
소중한 것을 먼저 생각할 것이며
몸의 마음이 시키는 대로 행하지 말고
영혼의 마음이 시키는 대로 행해야 합니다

몸이 시키는 대로 따라간 마음은
오직 편하고 일시적인 쾌락에 중점을 두고
영혼이 시키는 대로 따라간 마음은
생명의 원천이 되어

끊임없이 하늘의 뜻을 따르고자
하기 때문입니다

몸의 언어를 벗어나
영혼의 언어를 알아들을 수 있어야 합니다
매 순간 영혼의 마음이 시키는 대로
선택하며 살아간다면
무명의 어둠 속에서도
섬광과도 같은 한 줄기 빛을
찾을 수 있을 것이기 때문입니다

얼굴

'얼'이 담긴 '굴' 속으로
'길'을 내며 들어가 '골'을 본다

'골'을 제대로 갖추기 위해
얼마나 많은 '꼴'을 부리며 살아왔던가?

그 꼴이 고스란히 담긴 그릇
'얼굴'

얼굴은 살아온 날의 이력이고
얼굴은 살아있는 날의 명함이고
얼굴은 살아갈 날의 추천서이다

세상이라는 거울에 나를 비추어
부끄럼 없이 살기 위해
하늘에 추천서를 써 올리는 마음으로
얼의 꼴을 다듬어 본다

못갖춘마디 인생

마음이 절뚝절뚝 절게 되는 날이 있지!

못갖춘마디 악장에서
박자를 제대로 쉬지 않고
연주를 시작하면 음이 절듯이,

쉼표 없이 달리는 인생에서는
불협화음이 난단다

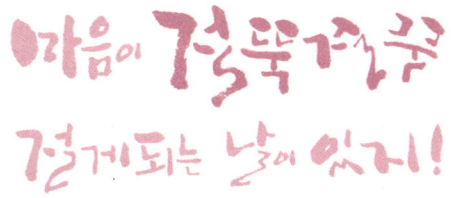

가면

누구를 위해? 무엇을 위해?
언제, 어디서, 왜?
써야 하는지도 모른 채
사람들은 가면을 쓰고 산다

한 꺼풀 벗겨놓고 보면
그 속살 어딘가에 숨겨진
하얀 도화지 같은 진실을
누구나 간직하고 있을 텐데

하회탈 같은 가면 속에 가려둔 채
한바탕 사람 굿판을 벌이며 산다

빨간 가면 속에 숨겨진
하얀 마음의 사람들과
파란 가면 속에 숨겨진
하얀 마음의 사람들이
두려움이라는 가면을 벗고
오해라는 가면을 벗고
헛웃음이라는 가면을 벗고

서로의 진실을 알아볼 수 있어야 한다

또 다른 색깔의 가면을 쓴 채
3인칭 관찰자 시점으로
타인의 가면 속을 들여다보고 있는 척하는
나는 누구일까?

가면 속의 또 다른 나를 본다

나는 누구일까?
가면 속의 또 다른 나를 본다

참살이 인생

봄날 야트막한 언덕에 피는
작디작은 제비꽃이
유난히 어여뻐 보이는 날이 있고

한여름 소나기가 내린 후,
담장을 휘감고 도는
호박꽃 향기가 물씬물씬
가슴에 파고들 때가 있습니다

가을날 지천에 피어난
개망초 흐드러진 몸짓이
유난히 가슴 에이게 느껴질 때도 있고

한겨울 설원을 뚫고 올라오는
인동초 새잎이
눈물겹게 느껴질 때도 있습니다

그렇게 계절은 피고지고
세월은 무르익어 가듯이
우리네 삶의 꽃도

끊임없이 피고지고
인생은 그렇게 변화무쌍함 속에
무르익어 갑니다

때로는 가슴 벅차오르는
사랑과 환희를 느끼고
때로는 가슴 절절한
애잔함과 애달픔을 느끼고
때로는 원망과 회한으로
가슴이 숯이 될 때도 있을 것입니다

그 어떤 순간이 와도
믿음과 희망이라는
뿌리가 썩지만 않는다면
피고 지고 다시 또
함박웃음꽃을 피워낼
우리 인생은
백 년을 꽃 피울
다년생 참살이입니다

인생의 나이테

하늘이 인간에게 준
시간은 참으로 절묘하게도
공평합니다

길어봐야 백여 년의 세월
누군가는 천수를 다하고
누군가는 단명으로
생을 마감하게 됩니다

살아온 시간이 길다고
인생 한판
잘 살아온 거라는
보장은 없지만
시간이라는 짧은 그릇에는
끈적끈적한 고명과도 같은
인간애를 다 담아낼 수 없는
안타까움이 있기에
우리는 끊임없이
더 오래 살고자 하는
욕망을 갖게 되는 것입니다

더 오래 살기 위한 노력보다는
더 행복하게 살고
더 소신 있게 살고
더 의미 있게 살기 위해
노력하는 시간이 필요합니다

세월이 흘러 저절로 둘러쳐지는
나이테가 아닌,
의미 있는 시간들을 보내고 났을 때
가슴에 둘러쳐지는
인생의 나이테가
생길 수 있도록
더욱 크고 푸르른 나무로
살 수 있어야겠습니다

기회

산길을 오르다 만난 다람쥐 한 마리
절집 공양을 많이 받아먹고 살아온 탓인지
사람을 봐도 뒷걸음질 치지 않는다

바랑을 열어 과자부스러기를 꺼내어 던져주니
어떤 다람쥐는 달려와 넙죽 받아들고 가고
어떤 다람쥐는 제 깜냥에 잔머리를 굴리느라
'저걸 받을까? 말까?'
입질만 해 댄다

"바보! 두려워 말고 제발 그냥 받아 먹어!"
안타까운 마음을 전해본다

우리 인간들의 모습도 별다를 게 있을까?
신께서 던져주시는 선물을 덥석 받지 못하고
궁리로 놓치는 경우가 얼마나 많았을까?

두려워 말자
기회가 올 때 기회를 놓치지 않는 것이
성공의 조건이다
신은 그렇게 늘 우리에게
손을 내밀어 주고 있을지도 모른다

간절곶

삶의 절벽 앞에 서 있는
느낌이 드는 날에는
한반도의 꼬랑지 절벽이 있는
간절곶에 갑니다

－懇切 · 간절－

모든 잡념을 끊고
심장이 소금에 깊숙이 절여지는 것 같이
서서히 정성을 다한다는 의미를 담고 있는
단어를 가슴에 품고
간절곶 앞에 서면,

거슬러 거슬러
올라온 길이 훤히 보여
내리막길 또한
아슴푸레 보이는 듯합니다

간절함에 간절함이 더해지면
없던 길도 만들어 갈 수 있을지니,
그렇게 간절곶은
또 다른 길을 내어주며
급한 길을 돌아가게 해주는 곳이었습니다

본성

똥파리가 두엄 밭에 사는 것은
똥을 먹고 살아야 하는
똥파리로 태어났기 때문입니다

불나방이 타죽는 줄도 모르고
불길로 뛰어드는 것은
불나방으로 태어났기 때문입니다

모든 생명은 다 본성대로
살아갈 수밖에 없는 대자연의 이치

사람은 사람 속에서
사람답게 살다가 가라고
사람으로 태어난 것이리니
우리는 부디,
사람의 본성을 잃지 않고
살아야 할 의무가 있습니다

EGO

놓아버려라
너의 것이라고 쥐어짜고 있는
EGO 때문에
에고에고 곡소리가 난다

사람은 사람 속에서
사람답게 살다가라고
사람으로 태어난 것이러니

간절함

간절한 마음으로 기도했을 때
그 소원이 이루어지는 것을
경험할 때가 있습니다

하나님이 이루어주셨을까요?
부처님이 이루어주셨을까요?
천지신명님이 이루어주셨을까요?

우리 마음속 깊은 곳에서
우러나온 '간절함'

그 간절함으로
혼을 담은 기도를 했을 때
온 우주의 모든 기운이
우리를 향하게 되고
우리를 돕게 되어
소원이 이루어지는 것입니다

힘에 부치는 일에 부딪혔을 때
저절로 무릎을 꿇고 기도하던
그 순간의 간절한 기도는
우주의 기운에 전달되고
우리 자신은 하나의 소우주로 관통되어
소원을 이루게 되는 것입니다

자신에게 소용 닿지 못하는 것에 대한
집착이 아닌,
바르고 뜻있는 일을
성취하고자 하는 기도를 할 때
반드시 그 꿈을 이룰 수 있을 것입니다

여기에서 중요한 관건은
자신이 지은 분복만큼의
기운이라는 데 있습니다

그 어떤 우주의 기운도
그 어떤 하늘의 기운도
그 어떤 신의 기운이 있다 해도
자신의 분복을 넘어선 유토피아를
선물하지는 못한다는 것입니다

다만
주어진 조건에서
간절함으로 다한 최선은
우리네 삶을
최상의 조건으로
바꾸어 주리라 믿습니다

자연이 시키는 일 1

세상 모든 만물의 생명이
태동된 때가 있으면
소멸할 때가 있고

세상 모든 인연이
만나는 때가 있으면
이별할 때가 있고

세상 모든 소유물이
주어지는 때가 있으면
놓아야 할 때가 있습니다

이 세상에 변하지 않는 단 하나의 진리는
"변하지 않는 것은 단 하나도 없다."
는 것입니다

다함과 멸함의 시간 앞에
엄숙히 고개 숙일 줄 알게 하는 것!
그것이, 자연이 우리에게 시키는 일입니다

자연이 시키는 일 2

나이가 들면
아침잠이 없어진다고 합니다

살아온 시간보다
살아갈 시간이
더 적게 남았으니
더 오래 깨어 있고
더 깊이 사색하고
더 많이 사랑하며
더 간절히 살아야 한다는 메시지를 주며

몸이 먼저 깨어 있도록
자연이 시키는 일입니다

안경

멀쩡한 눈으로 바라보기에는
너무 어지러운 난시의 세상에서는
난시 안경을 써야 합니다

마음 그릇이 너무 옹졸해져
눈앞이 어두워졌을 때는
가까운 것이 더욱 보이지 않을 테니
돋보기를 쓰고 들여다보아야 합니다

그러나 눈이 잘 보이는 상태인데도
누군가 씌워놓고 간
난시 안경이나 돋보기를 쓴 채로
살아가고 있다면
어지럼증과 구토증세로 비틀거리다
여기저기 넘어지고 깨지게 될 것입니다

우연히 한 번 잘못 쓰게 된
안경 때문에
반소경처럼 살아가고 있지는 않나요?

난시 교정 안경이 필요한 건지,
자세히 들여다볼 돋보기가 필요한 건지,
알 없는 안경으로
멋을 내고 싶은 건지,
판단할 수도 없는 상태에서
타인에 의해 도수에 맞지 않는
안경을 썼다면
과감히 벗어버릴 수 있는
지혜가 필요합니다

자신에게 딱 맞는 도수의 안경을 썼을 때
세상을 더욱 투명하게
볼 수 있기 때문입니다

4월에 내리는 눈

시방 내리는 눈은
눈이 아니다
눈물이다
아니, 통곡이다
겨우내 언 땅에 가슴 에이며
숨죽여 살다가,
이제사 겨우 봄바람 숨결 따라
설경설경한 인연을 부여잡았건만
뭣이 그리도 시샘을 짙게 했는지
꽃잎 다 피워 올리기도 전에
섧디 서러운 한 생
인연의 끈을 놓으라 하네
꽃잎을 떠나보내는 나무는
한 발 물구나무선 채로
그대로 나무이건만
인연을 끊어내야 하는 사람은
두 발로 똑바로 서서도
흔들리는 동공만큼이나 비틀,

4월에 내리는 사선의 눈발처럼

위

태

롭

다

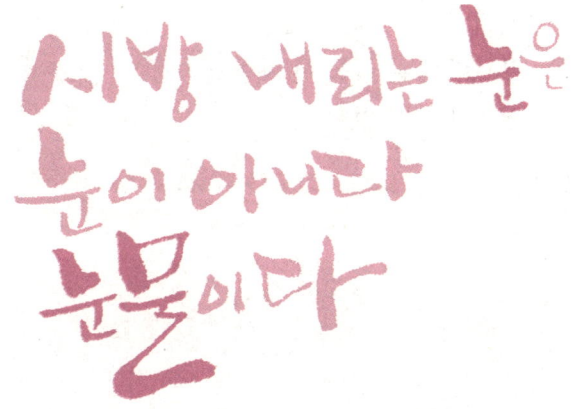

3월에 내리는 눈

짧은 生
그 어느 구석에
정을 담아두었으랴마는
차마 떨쳐내지 못한
허깨비 같은 잔정들마저
서걱서걱 털어내며,
그렇게 미친년 머리카락 풀어헤치듯 내리는
3월의 눈발
그 행간 사이로
저기, 밝은 봄빛 한 줄기가
푸르디 푸른 봄동 한 채반을
실어나르고 있다

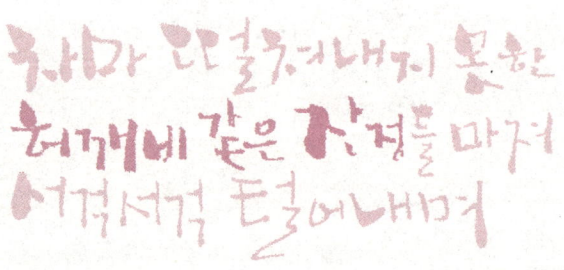

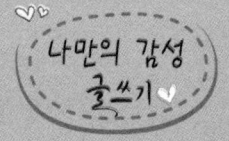

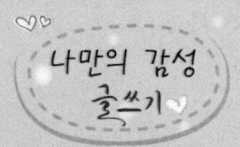

두 번째
사람

그리운
사람이
가슴속에
산다는 건

그렇게
그리운 사람이 가슴 속에
살고 있다는 건

사람 열매

눈사람을 만들려면
먼저 주먹만한 눈덩이를 뭉쳐야 합니다

작은 눈덩이를 굴리고 굴리다 보면
어느새 커다란 눈덩이가 되어
눈사람을 만들 수 있게 됩니다

눈사람 하나를 만들려 하여도
그러할진대
큰 인연을 만들기 위해서는
작은 인연 하나하나를 더욱
소중히 여기고 뭉쳐야 합니다

오늘 우리가 손잡은
작은 인연 하나하나를
잘 굴리며 가다 보면
사람 열매가 무성히 열릴 것입니다

사람을 사랑하는 일

한 사람을 사랑하는 일은
지구별에 떠도는
소우주 하나를 떠안는 것이다

함부로 사랑하지 마라!
자격 없는 사랑의 대가는
소우주 전체가 파괴될 만큼 혹독하다

사람을 사랑할 자격은
우주 반대편에 존재하는
극한 음지의 모순까지도
함께 나눌 수 있을 때 비로소 주어진다

한 사람을 사랑하는 일은
지구별에 떠도는
소우주 하나를 떠안는 것이다

사춘기 딸 사용법

사춘기 딸에게
카톡 문자를
정성껏 써서 보냈을 때
종종 답장이 없을 때가 있을 겁니다

불현듯 화나는 마음이 불기둥처럼 솟구치지만
또다시 마음을 다져보아야 할 시간입니다

-그래, 저 아이는 지금
어린 왕자에 나오는 B혹성 612에
가 있을지도 몰라
그 먼 거리에 있다 보니
내 마음의 문자가
미처, 전달되지 않았을 거야-

아이는 지금 먼 나라로
여행을 떠나있는 겁니다

그렇게 마음과 마음의 거리가
너무 멀어서

> 그렇게 마음과 마음의 거리가
> 너무 멀어서
> 답장이 되어 돌아오지 않을 때는
> 먼저 마음의 거울을 구석구석
> 닦아내야 합니다

답장이 되어 돌아오지 않을 때는
먼저 마음의 거울을 구석구석
닦아내야 합니다

투명하게 맑은 샘물에서
자신의 모습을 비추어 볼 수 있듯이
투명하게 맑은 마음에서
아이의 마음이 다 비추어질 수 있을 것입니다

마음의 눈으로 보아야만 볼 수 있는
사춘기 딸의 답장 한 줄을 보기 위해
지금
세상에는 수없이 많은 부모들이
도를 닦고 있습니다

가족이라는 이름이
때로는 보이지 않는 감옥이 되지 않기 위해
서로에 대한 배려와 이해와 용서와 화합으로
함께 해야만 합니다

관계

이 세상에 절대 깨지지 않는
완벽한 항아리는 없습니다
조심히 다루지 않으면
깨질 수밖에 없는 것이 항아리입니다.

사람과 사람의 관계도
마찬가지입니다.
절대 깨지지 않는 관계라는 것은 없습니다.

부모 자식 사이도
부부 사이도
친구 사이도
심지어 자기 자신 내면마저도
한 번 깨진 항아리는
다시 물을 담기가 어렵습니다.

우리가 함께
희망의 정수박이를 부어야 할
'관계'라는 항아리

자신의 마음과는 달리
그 항아리에 돌을 던지고 싶은 순간이
올 때가 있을 것입니다.

그럴 때마다
그 항아리에 던질 돌 대신
품 안에
꽃송이를 준비해 두어야 합니다.

항아리를 깨트릴 독설의
돌멩이 대신
"미안하다, 고맙다, 잘했다"
는 말의 꽃을 꺼내어 건넬 수 있어야겠습니다

이 세상에 절대 깨지지 않는
완벽한 항아리는 없습니다

대화의 비법

우리는 끊임없이 말을 하며 삽니다.

합리적이고 이성적인 말을 할 때도 있지만
때로는 감정에 휩싸여
격한 감정을 토로할 때도 있습니다.

"부러우면 지는 거"라는
개그콘서트 대사처럼
대화할 때는 일단
"흥분하면 지는 거"라는
공식이 성립합니다.

흥분해서 거친 자갈 같은 말을
먼저 집어 들었을 때
상대가 바위의 마음을 가지고 있다면
100퍼센트 튕겨 나와
부메랑이 되어 자신을 치게 됩니다.

숱하게 돌아오는 돌멩이를 맞아본 후에야
이제 잠시 숨 돌려
상대의 마음이 물이 되는

누구의 가슴에든
물이 되어 흐르는 마음 상태가
반드시 있습니다
그때 물수제비 뜨듯
그렇게 상대에게 마음을 던져보세요

시점을 찾아보기 시작했습니다.

내가 던진 돌이 상대 마음의 물결 속에
풍덩 빠져들 수 있도록
돌을 던지는 시점을 잘 찾는 것!

그 타이밍을 잘 맞출 수 있다면
누구에게도 상처가 되지 않을
말의 요리사가 될 수 있을 것입니다.

누구의 가슴에든
물이 되어 흐르는 마음 상태가
반드시 있습니다.
그때 물수제비 뜨듯
그렇게 상대에게 마음을 던져보세요.

그사이,
자갈 같던 마음속 말들도
물수제비 뜨기 좋게 납작하고 반들반들한
돌이 되어 있을 것입니다.

생활 속의 도인

절집에서 머리 깎고
수행하시던 스님보다,
산속에서 도 닦다가
머리 길고 나온 도인보다,
더, 도인 같은 행을 실천하는 이웃들을
종종 만날 수 있습니다.

저는 그들을
'생활 속의 도인'이라 부릅니다.

저절로 얻어지는 것은
단 하나도 없는 게
삶의 이치이듯,

생활 속의 도인들을 만나 보니
이미 치열하게 산전수전 공중전까지
다 치르고 난 후에
도인의 행을 하더이다.

절치부심으로 닦아낸
생활 속의 도!

시어머니와의 갈등과 미움을
지혜로 풀어내는 이,
아내의 바람기를 업연으로
받아들이고 인내하는 이,
자식의 부족한 행을
자신의 근기 부족으로 이해하고
다스려가는 이,

우리네
삶의 현장 그 자체가
갈고 닦아야 할 도의 학교이고
경험하는 모든 것이
인생 공부 경전이 됩니다.

자신에게 주어지는 하나의 경험을
경험으로만 받아들일 게 아니라

인생 수업의 나머지 공부라 생각하고
숙제를 바르게 풀어낼 때
생활 속의 도인이 될 수 있을 것입니다.

이번 생에 입학한 도의 학교를
잘 졸업하고 나서야나
다음 생에 상급학교 진학이 가능할 테니

우리네
삶의 현장 그 자체가
갈고 닦아야할 도의 학교이고
경험하는 모든 것이

저도 이제 더는
이번 생의 지진아로 남지 않기 위해
인생 수업을 제대로 완수하는
생활 속의 도인이 되기를
축원해봅니다.

인생공부 경전

아직 흘릴 눈물이 남아있다는 건

혼자서 조조할인
영화를 보면서도
눈물을 흘리지 않는 것은
영화 속 현실보다
자신에게 주어진 현실이
더 척박하게 느껴질 때입니다

흘릴 눈물조차 없이
메마른 가슴 어디에도
꽃을 피울 수 없기 때문에
눈물이 나지 않는 것입니다

비련의 소설 주인공
코스프레를 하지 않아도
이미 너무 아픈 현실 앞에서,
개그콘서트를 보는데
웃음 대신
눈물이 빵 터진다면
아직 흘릴 눈물이 남아있다는 증거이고
아직은 살아 버텨야 할
삶의 의무가 있다는 걸
느끼게 되는 순간일 것입니다

벼랑을 딛고 올라선 사람은
더이상 벼랑이 두렵지 않듯,
눈물의 빙점을 찍고 난 사람은
더이상 상처가 두렵지 않을 것입니다

그렇게 아직도 흘릴 눈물이 남아있다는 건
눈물의 빙점 앞에서
다시 깨어날 시점이 되어간다는 증거입니다

가슴속에 별꽃 하나가
씨앗을 터트리고 있다는 것이고
그 별꽃이 무성히 자라
삶의 꼭짓점을 만들고 있다는 증거입니다

눈물이 빙점을 넘어
다시 흘러 녹아내리면
더이상 상처도, 피눈물도
두렵지 않을 것입니다

아직 흘릴 눈물이 남아있다는 건
삶의 꼭짓점에 서서
다시 새로운 꼭짓점을 향해
출발해도 좋다는 증거입니다

상처

가끔은 숨 쉬는 게
한여름 복날의
개처럼 헐떡거려지는 순간이 있습니다

천식을 앓다 운명하시던 날 밤
아버지의 방에서 나던
해소 기침 소리처럼
가르릉 가르릉
폐부에 구멍이 뚫리는 듯 할 때가 있습니다

사람의 혓바닥이 휘둔 가시에 상처 입어
피를 철철 흘리고 있을 때
왕소금을 뿌리고 가는 사람들의 발자국

상처는 그 발바닥에서
다시 또
붉은 핏빛 꽃으로 피어나
꽃잎이 질 때까지
곪았다 터졌다를 반복합니다

그리운 사람이 가슴 속에 산다는 건

아침에 눈을 떴을 때
문득 그리운 사람이
아련히 떠오른다는 건
아직 심장이 뛰고 있다는 증거이고,
그동안 잘 살아왔다는
삶의 선물이고,
앞으로 살아갈 날은
더 행복할 수 있을 거라는 희망입니다.

불타는 청춘의
뜨거운 사랑이 아니어도 좋을 일입니다.
잔잔한 호수에 일렁이는
은파 같은 사람 하나
평생 가슴속에 간직하고 살 수 있다는 건,

그렇게
그리운 사람이 가슴속에
살고 있다는 건,

꿈의 심지를 오롯이
가슴에 밝혀두고
누군가를 위해 기도하고 있다는 증거입니다

*그렇게
그리운 사람이 가슴 속에
살고 있다는 건*

온전한 내 편

세상 살면서
수많은 사람들을 만나지만
그중에 온전한 내 편이 되어줄
한 사람을 만날 수 있다면
더없이 감사한 일입니다

무슨 말을 해도 믿어줄 수 있는 사람
어떤 행동을 해도 다 받아줄 수 있는 사람
어떤 실수를 해도 다 덮어줄 수 있는 사람

그 한 사람이 온 세상이 되어
마음에 선한 씨앗을 심어주고
그 씨앗이 자라나 열매를 맺는 사이
한 사람의 인연은
어느새 절대자와 같은 존재가 됩니다

한 사람의 우주를 밝힐 수 있는 존재자
결코, 많은 사람이 필요한 것이 아닙니다

어떤 순간에도
내 편이 되어줄 수 있는
단 한 사람이면 충분합니다

그 한 사람을 온전히 맞이하기 위해
자신의 우주에 불을 밝혀두세요

서로의 빛이 통할 수 있는
절체절명의 순간에만
온전한 '내 편'이 생길 수 있습니다

페이스북

남의 집 창문을 들여다보았다
관음증에
일부러 엿본 것은 아니다

사람이 그리워
반쯤 열어두는
페이스북 여닫이문

어떤 집은 빗장을 하나 내질러 두고
어떤 집은 금줄을 하나 내걸어 두고
어떤 집은 대나무 깃발을 꽂아두고 있다

그렇게, 실밥 터진 옆구리를 벌려 보이듯
슬쩍 열어 보여주는 일상의 이야기들이나
훔쳐보기 딱 좋을 비밀스런 이야기들도
정육점의 고깃덩어리처럼 내걸려있다

페이스북 창문을 통해
들여다볼 수 있는
이웃집 이야기들에는
세상살이 모든 희로애락이 녹아들어 있다

인연군·1

만져서는 안 되는 뜨거운 것을
만졌을 때는 손이 데이고
품어서는 안 될 가시같은 인연을
품었을 때는 가슴이 데입니다
가까이 오는 연줄이라고
다 인연이 되는 것이 아닙니다
인연을 알아보지 못하는 것도 죄요
인연이 아닌 것에 매달리는 것도
죄가 됩니다

인연굿 · 2

강물을 건널 수 있게 해 준
뱃사공이 고맙다고
그 배를 계속 타고 있어서는 안 될 일입니다

강을 다 건넜다면
더 큰 세상으로 걸어가
또 다른 감사한 인연을 만나야 할 일입니다

길 위의 시절 인연에 집착하지 마십시오
가고 오는 것이 인연이라
잡는다고 잡아지는 것이 아니고
떠나기 싫다고 머물 수 있는 것도 아닙니다

인연금·3

꽃이 필 때
꽃잎 떨어지는 날의 슬픔을 두려워하기보다
꽃이 진 자리에 맺히는
열매의 소중함만을 생각하듯

사랑을 할 때는
이별하는 날의 아픔을 두려워하기보다
이별한 자리에 남는 추억 하나를 품기 위하여
마음이 열립니다

꽃이 필 때
꽃잎 떨어지는 날의 슬픔을 두려워하기보다
꽃이 진 자리에 맺히는
열매의 소중함만을 생각하듯

사랑을 할 때는
이별하는 날의 아픔을 두려워하기보다
이별한 자리에 남는 추억 하나를 품기 위하여
마음이 열립니다

카카오 스토리

- kakao story

키스하는 연인이 아닌
카스하는 인연이 있습니다

편의점 컵밥으로 쉽게 한 끼 때우듯
댓글 한 줄 가볍게 남기고
잠시 지나쳐 가는 사람들도 있습니다

인스턴트에 길들여진
짧은 호흡으로
허덕허덕 숨을 몰아쉬며
살아가는 현대인의 일상

그 일상의 공백을 채워주는
설겅설겅한 인연들 사이사이 빈 틈바구니에
테트리스 조각을 끼워 맞추듯
사람의 모형상을 세워놓습니다

가끔은 살아 움직여 주어도
좋을 사람
가끔은 말을 걸어와도

좋을 사람
가끔은 깊은 인연을 맺어도 좋을 사람
그 사람들의 모형상에
오늘은 따스한 입김을 불어 넣어 봅니다

부디, 안녕이라는
안부 한마디를 전하며…

*가끔은 살아 움직여 주어도
좋을 사람
가끔은 말을 걸어와도
좋을 사람
가끔은 깊은 인연을 맺어도
좋을 사람*

삶

가슴에 악한 말의 씨가 자랄 때는
폐부가 조여든다

밤새 뒤척이며 지새는
이 처절한 몸부림

그 속에서
망나니가 되어
사람을 죽였다, 살렸다, 를
반복하다가
차라리
내 숨통을 끊고 만다

누구도 미워하지 않는 삶
무엇도 탓하지 않는 삶
한시라도 반추할 수 있는 삶

살다의 '살' 과
사람의 '람' 이

'삶'이 되는 것이니
사람답게 사는 삶에는
거룩한 씨앗만을 품을 수 있도록 하자

시절 인연 1

비가 오는 날
해뜨기만을 기다리지 말아요
하늘의 인연대로 구름이 걷혀야만
날이 갭니다
비가 오면 오는 대로 시절 인연을 즐기다 보면
어느새 햇살이 미소를 띠어줄 것입니다

지금 주어진 악연에 힘들고 괴로워하지 말아요
하늘의 인연대로 선연이 되기까지
우주 만물의 조화가 필요합니다
시절 인연으로 다가오는 모든 일들은
결국, 다 자신을 깨우러 오는 것임을 알고
좋은 씨앗을 심는 마음으로
시절을 즐기다 보면
어느새 우리 인생에도 햇빛 찬란한
미소가 보일 것입니다

어떤 순간에, 어느 누구와의 만남도
선연의 아름다움으로 남아야 합니다
뒤돌아섰을 때
자신의 뒷모습이 부끄럽지 않을 기억만을
지금 이 순간, 이 시절에 맺어진
'시절 인연'에게 남겨주세요

시절 인연 2

봄꽃이 피어나고 있을 때
꽃잎 켜켜이 앉은 이슬까지
고요히 들여다볼 일이다

한여름 소낙비가 내릴 때
후박나무 아래에 서서
가만히 젖어 들어볼 일이다

가을 낙엽이 떨어질 때
불어오는 바람 한 줄기 따라
살포시 손끝에 품어볼 일이다

겨울 첫눈이 내릴 때
가슴에 타오르는 작은 불씨 속
아득한 그리움을 들여다볼 일이다

가슴을 열고 성큼성큼 들어오는
한 사람이 있다면
그가 앉아서 쉴 수 있는
마음의 그루터기 하나
덩그러니 비워둘 일이다

그가 앉아서 쉴 수 있는
마음의 그루터기 하나
덩그러니 비워둘 일이다

詩, 소리를 담는 사람들

어인 인연이 이리도 깊어
푸르른 강물 은파의 일렁임으로
우리, 만났는가?

가슴에 한 떨기
봄꽃을 피우고 있는 이들의 낭창,
꽃망울 터트리는 소리가
저리도 깊고 애잔할까?

시의 울림을 소리에 담아
별빛처럼 쏟아내기까지
저 가슴들에는 또 얼마나 숱한 날들
뜨거운 눈물이 흐르고 씻겨지며
허물을 벗었던 것일까

詩, 소리를 담는 사람들
저들은
강물이 흘러가는 소리를
가슴으로 느끼고
달빛 아래 부평초 나부끼는 소리를

마음으로 느끼고
두물머리 느티나무 아래
외롭고 쓸쓸히 서 있는
한 사람의 고독한 영혼의 소리마저
시의 울림으로 담아내고 있다

뜨거운 가슴이어라!
맑고 청아한 마음이어라!
빛을 닮은 영혼의 울림이어라!

詩, 소리를 담아내는
저 아름다운 사람들!

그대! 누군가의 눈물을 닦아준 적이 있는가?

가슴 뜨겁게 울어본 자만이
이 밤, 누군가 소리 없이 흘리는 눈물이
얼마나 서러운 물빛인지 느낄 수 있으리라

내 무릎 위에 엉겅퀴 같은 얼굴을 묻고
하염없이 울고 있는
이 한 사람을 위해
나는 무엇을 해 줄 수 있을까?

울고 싶은 날엔 실컷 울어도 된다고
다 좋아질 거라고 말해보지만
저 가슴에 흐르는 눈물을
다 어루만져 줄 수 없으니
어디서부터 잘못된 거냐고 묻지 않기로 한다

어느 순간 미움으로 변해버린
절절한 사랑을 향해
"미안합니다, 고마웠습니다"
가슴 깊숙한 마음만을 전하라 해보지만
그 가슴에 묻힌 한을

대신 풀어내 줄 수 없으니
누구 탓이라고 밀어붙이지 않기로 한다

사연 깊은 복수초 한 송이
이른 봄날 언 땅에 뿌리를 박고
견뎌야 했던 세월만큼
인고의 시간, 찻물 우리듯
묵묵히 우려내고 나면
그대 청아한 눈빛에 더이상
눈물 고이지 않으리라

누군가의 눈물을 닦아주는 일은
바람이 꽃잎의 허리를 감싸듯
그렇게 고요한 시간 속에서
정화수 한 사발 올리며
함께 축원해주는 일이다

그냥

그냥
무작정 당신이 좋았습니다
그 어떤 조건도
더 많은 미사여구도 필요하지 않았습니다

사랑한다 말하기도 전에
가슴이 먼저 알아차리고
우주의 미아가 되어
당신에게 달려가는 지고지순한 마음
미처 막을 길이 없었습니다

세상이 그토록 넓디넓은데
그 세상 가운데 오롯이 서 있는
당신은 온 우주의 중심축

당신의 미소가 밝은 날
세상 모든 것이 빛을 발하고
당신의 가슴에 눈물이 고이는 날
세상 모든 대지에 비가 내렸습니다

그렇게 그냥 그냥 그냥
해가 뜨고 비가 내리듯
자연의 순리대로 머물다 가는 것이 사랑이라면
오는 줄 모르게 머물다가
가는 줄 모르게
그리움을 거두고 갈 일입니다

인생길

인생길 한가운데
소나기 내리는 여름날의 종점 같은 이 길까지
어떻게 걸어왔냐고 묻지 않기로 하자

하늘의 뜻을 아는 지천명에 닿은 듯해도
마음보다 앞질러 간 세월에
하늘의 뜻은 이미 저만치 가 있더라

원하지 않아도 시간은 흐르고
멈추고 싶지 않아도
인생길에는 방점이 찍힌다

주저하지 말고 걸어가야 할 그 길에
더러는, 셋잇단음표 사랑을 주고
더러는, 한 박자 쉼표의 이별을 주고
더러는, 돌아가 다시 만날 수 있는
도돌이표도 그려 넣자

석양의 노을을 바라보며
고요히 노래할 수 있는 인생길 위에서

'함께 걸어와 준 당신! 고맙습니다
덕분에 행복했습니다!'
라고 말할 수 있는 사람들과
함께 걸어가야 한다

지금은 사랑할 시간

지금 우리에게
사랑할 시간이 얼마나
남아있을까?

사랑하며 살기에도 모자란 시간에
개살구 같은 의심과
할미꽃 같은 집착과
해당화 속살 같은 미움으로
얼마나 많은 시간을 허망히
흘려보내고 있는 것일까?

지금 우리에게
가슴 설레며 살 시간은
또 얼마나 남아있을까?

설레는 가슴으로 살기에도
모자란 시간에
흑장미 같은 증오와
다알리아 같은 변덕과
매발톱꽃 같은 불안함으로

얼마나 많은 시간을 회한으로
흘려보내며 살아온 것일까?

이제는 태초의 빛을 느끼듯
다시 눈을 감고 사랑할 시간
이 지상에 다시 오지 않을
'지금'이라는 소중한 시간에
꼭 만나야 할, 사람 앞에 서서

책갈피 속 풀잎처럼
가슴 깊이 묻어 두었던
순백의 언어를 꺼내어
고백할 수 있어야 한다

"미안하다, 사랑한다!
더 많이 아끼고, 더 온전히 사랑하리라!

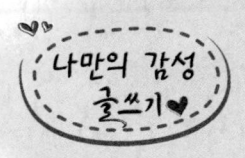

세 번째
자연

별을
닮은
그대에게!

담쟁이 넝쿨

— 꽃말 · 우정 & 신의 & 정절

담쟁이 넝쿨이 너무 강하게
벽을 굽이감고 돌면
벽은 오히려 썩어서 무너집니다

적당히 아름다울 만큼
넌출넌출 새순을 타고 올라가는
담쟁이 넝쿨만이 담을 아름답게
수놓을 수 있습니다

사람의 관계에서도 마찬가지입니다
사랑과 집착의 잎으로만
무성하게 채워두면
마음의 뿌리마저
숨 쉴 공간이 없어지는 법입니다

봄날의 한 줌 햇살 같은 사랑과
여름날 한 줄기 지나가는
여우비 같은 질투와
가을날 푸른 하늘빛 같은 관심과
겨울날 눈꽃의 여여함을 담을 수 있는
넉넉한 마음의 담쟁이 넝쿨을
키워 올려야겠습니다.

봄날의 한 줌 햇빛 같은 사랑과
여름날 한 줄기 지나가는
게우비 같은 질투와
가을날 푸른 하늘빛 같은 관심과
겨울날 눈꽃의 의연함을 담을 수 있는
넉넉한 마음의 담쟁이 넝쿨을
키워올려야겠습니다

처녀치마꽃

— 꽃말 · 기세 & 활달

한번 들추어보고파
그 속살이 얼마나 고울지,

봄처녀 치맛자락
바람결에 나부끼면
보랏빛 꽃잎 사이로
애먼 사내 애간장 다 녹였네

* 처녀치마—4월에 피는 보랏빛 들꽃

*한번 들추어보고파
그 속살이 얼마나 고울지*

선주름잎꽃
— 꽃말 · 나는 너를 잊지 않는다

짧은 한 생,
점으로 길게 늘여놓으니
참으로 길기도 길어 보이는구나

어느 한순간 동여매지는
만남,
어설피 지어진 매듭은
어느 한순간 풀리기 마련일진대

짧은 한 생에 다 담기는
버거운 매듭들이 너무도 많구나

매듭이 지어졌다 풀렸다를 반복하는 사이
수많은 만남과 이별 속에서도
잊지 못할 사람이 있어

행복한 기억의
너를 품고 살기 위해
나 이승의 꽃으로
또다시 피어있었구나

"나는 너를 잊지 않는다"
그 한마디를 믿고
몇 생의 인연을 이어온 것일까?

석잠풀꽃
— 꽃말 · 설원의 여인

하이얀 설원 위에
연분홍 치마를 입고
홍홍홍 수줍은 미소 한오라기
분분분 바람결에 실어 보내는 꽃이어라!

도톰한 아랫입술
지그시 깨물며 하는 말

"너무 오래 기다리게 하지 말아요.
 빛바랜 사랑을 위하여
 무던히도 참고 견뎌온 세월
 그 세월이 설원 끝에 닿았습니다."

첫날밤에 쓴
연분홍 화관을
벗지도 못하고 견뎌온 세월

설원에서라도
꽃을 피우기 위해
그리움 속에
잠들어 있던 청초한 여인이어라!

첫날밤에 쓴
연분홍 화관을
벗지도 못하고 견뎌온
세월

이삭여뀌
― 꽃말 · 신중

그대 부디 안녕하기를,
그대 부디 행복하기를,
가슴으로 빌고 비는 비나리 되어
이삭여뀌 꽃잎으로 피어났어요

풀잎 이슬에 젖은 채로
새벽 별빛을 보내듯
임을 보내고
두 손을 가지런히 모아 비손하는
이삭여뀌 꽃잎으로
지고 있어요

살아야지요
우야든둥
살아야지요

심중의 말 한마디
신중히 되새김질하며
오늘도 비나리 손 되어
붉은 심장을 뛰게 합니다

닭의장풀
― 꽃말 · 순간의 즐거움

지천에 피어나는
"순간의 즐거움"

순간과 순간이 모여
영원이 되듯
찰나와 찰나가 모여
영생이 되듯
한 떨기 꽃 수술이 모여
한여름 밤 별 무더기를 이루었네

꼭 다문 입술 사이로
파르르 떨리며
나오는 한 마디!
그
리
움

꼭 다문 입술 사이로
파르르 떨리며
나오는 한마디

그리움

달그림자를 머리에 이고
달개비꽃으로 피어
닭장의 담을 이루는
닭의장풀꽃

순간과 순간이 모여
영원토록 푸른 꽃으로 피어나리라!

풍선초

— 꽃말 · 당신과 함께 날아가고파

두리둥실 하늘을 날아가는 풍선처럼
오늘은 가슴이 그렇게 맘껏 부풀어 있다

가끔은 허파에
바람이 든 채로 살아도
좋을 세상

지상에 뿌리내린
모든 것들은
그렇게 날고 싶은
꿈을 품고 있다

부풀어 오를수록 오색 찬연해지는
꿈처럼 푸르던 풍선초
덩굴덩굴마다
황금빛 기억이 주렁주렁 열린다

고마리꽃
― 꽃말 · 꿈의 원천

별을 닮은 그대여!
찬란한 빛을 어딘가에 숨겨두고
지상에 내려와
음지의 세상을 지키고 있는가!

숨겨진 빛을
마음으로 볼 수 없는 자에게는
보여주지 않은 절대 미소

오늘은 보조개까지 지어 보이며
활짝 웃어주는구나!
고마워! 고마리!

이제야, 알겠네!
그 찬란한 빛
내 가슴에 숨겨두고 갔었구나?
고마워! 고마리!

너로 인해
내 가슴에 분홍빛 별이 뜨고 있었구나!
고마워! 고마리!

사람은 누구나
단전 깊은 곳에
옹기 하나를 구우며 산다

가슴이 처음 캐낸 진흙처럼
살가워질 때는
물을 축이고 비닐을 덮어
침숙을 시켜주어야 한다

무거운 돌과 모래는
가라앉히고
흙물을 걸러내 만든 흙가래 점토를
물레에 얹고
방망이로 치대주어야 한다
태림질로 물레를 돌리는 사이
가슴에 뭉쳐있던
미움도 원망도 다 녹여내야 한다

용서와 이해와 화합이라는
잿물을 꼼꼼하게

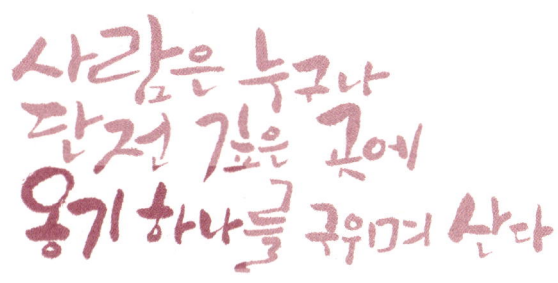

바르면 바를수록
단단해지는 옹기 하나

세상이라는
수천 도의 옹기가마 속에서 구워져도
살이 터지지 않을 만큼의
옹이 깊은 옹기를 만들어야 한다

불길이 너무 거세도 아니 되고
너무 약해도 아니 된다

단전에서 하나의 옹기가 만들어질 때까지
그 어떤 순간에도
숨을 멈추어서는 아니 된다

한편의 시처럼

나무가 봄꽃을 피우는 순간은
생명을 잉태하던 그 순간부터
뿌리 깊은 곳에 숨겨두었던
나무의 소원이 발현되는 것이고

달이 보름달로 차오르는 순간은
그믐달이 자신의 깊은 내면까지 삭여가면서
밀어낸 소원의 싹이 자라나
발현되는 것이고

한 편의 시가 읊어지는 것은
시인의 가슴을 텅 비워낸 순간
비로소 토해낼 수 있었던
한 구절의 소원이 발현되는 것입니다

한 편의 시가 쓰이는 동안
무던히도 달이 뜨고
봄꽃이 피듯
우리도 그렇게
세상이라는 대지 위에
웃음의 씨앗을 뿌리며
살아가고 있는 것입니다

그사이
우리네 인생 밭에는
희망의 별꽃이
가득 피어날 것입니다

그 사이
우리네 인생 밭에는
희망의 별꽃이
가득 피어날 것입니다

우설 雨說

지금 내리는 이 비는
시공간의 현재진행형이지만,

이 빗물이 우리 어깨 위에
떨어지기까지
하늘에서는 수많은 사연들이 있었을 것입니다.

서로 다른 양극의 기단이 만나
한 치의 물러섬도 없이
부딪힐 때 생기는 빗방울처럼,

우리 인생에도
구슬픈 비가 내리는 날이 있습니다.

그럴 때는
마음 깊숙이 들여다보아야겠습니다.

마음 구석 어딘가에서
한 치의 물러섬도 없이
서로 양극의 칼을 대치하고 버티는

두 개의 마음을
찾아낼 수 있어야겠습니다.

빗물이 넘치면 붉은 물의
홍수가 되듯
마음의 빗물이 넘쳐
핏물이 되지 않도록,

극단으로 치닫던 마음 두 줄기가
하나되어 깊고 푸르게
흘러갈 수 있도록,

마음의 물꼬를
터줄 수 있어야겠습니다.

숯막

숯이 달구어지고 난
숯막 속에
숯 대신
사람들이 타오르고 있다

절절 끓는 가슴 뒤척이며
가부좌를 틀고 앉아
기도하는 등신불들

나무 등껍질 같은 인생
어설피 태우면
제 몸을 가누지 못해
나무도, 숯도 되지 못할 것이고

뭉근해질 때까지 불사르고 나면
숯도, 재도 되지 못할 텐데

얼마나 더 가슴을 태우고 태워야
올곧은 참숯이 될 수 있을까?
화두 하나 들고

올곧게 뻗은 참숯 인생 살기 위해
오늘도 가부좌를 틀고
숯막에 들어앉은 사람들

뼈 마디마디에
고요가 스며드는 사이
발목에 매달고 있던
수인번호를 벗어던진 사람은
정갈한 숯이 되고
숯은 나무가 된다

뼈 마디마디에
고요가 스며드는 사이
발목에 매달고 있던
수인번호를 벗어던진 사람은
정갈한 숯이 되고
숯은 나무가 된다—

산낙지를 먹으며

산 것을 먹는다
살아 팔딱이는 생것을 먹으며 생각한다

세상에서 가장 잔인한 게 인간인데,
귀신도 무서워하는 게 인간일 텐데,

그 잔인한 인간의 한 유형이
'나'이지 않기 위해 발버둥 친다
최소한, 산낙지를 먹듯
그렇게 날것을 마구 취해도 되는
세상이 아니기 때문이다

앞 테이블에 앉은 여자가
술 한 잔에 가슴을 게워낸다
-아, 씨발! 나도 살고 싶었다고!
제대로 한번 살고 싶었는데!
세상이 나를 받아주지 않았다고!

여자가 산낙지처럼 꿈틀거렸다
싱싱한 낙지처럼,

여자의 아랫도리가 송두리째 꿈틀거렸다

참기름 소금장에서 버둥거리던 낙지가
힘을 잃어가는 시간,
내 삶의 어느 부분이 썩어가고 있는 걸까?
시간이 지날수록
팔딱임을 잃어가고 있음을 느낀다

산낙지가 버둥거림을 늦출 즈음
적당히 세상과 타협한 내가
술잔 속에 담겨 있다

참 슬픈 일이다
아니, 어쩌면 참으로 다행스런 일이다

아 씨발!
나도 살고싶었다고!
제대로 한번 살고 싶었는데!
세상이 나를
받아주지 않았다고!

하늘 인연

억겁의 시간 잠들어 있던
나의 절실한 언어들을
깨워주신 이여!

조금만 더 내게
시간을 허락하소서

아직 나는 당신 앞에 있어야 하나이다
그림자처럼 있어도 괜찮습니다
그늘에 가려져 있어도 괜찮습니다

사랑의 빛이 가슴을 밝히고 있는 한
나는 오롯이 당신 안에 살고 싶습니다

더이상 아무런 욕심도 없습니다
이 순간 당신을 사랑하는
단 하나의 마음을 거두어 주소서!

당신의 하늘이 맑고 푸르른 날
나의 대지 깊숙한 곳에
샘이 솟기 시작하는
진정, 하늘의 인연임을 믿나이다

너도밤나무

너도!
'밤나무' 이고 싶었구나!
가슴 가득
밤꽃 향기를 품고 싶었구나!
닿지 못할 애달픈 사랑에
밤나무 가지처럼 휘영청 허리가 휘어
그리도 먼 곳을 바라보고 있었구나!
다하지 못한 말들이
뿌리를 타고 들어가
땅속에 길을 만들어 갈 때
네 가슴 속엔 밤꽃이 피어나리라
절절한 사연 한 올 한 올 엮어
밤꽃 향기 진한 그리움을 간직한
너도
밤나무였구나!

* 너도밤나무 : 참나무과에 속하는 쌍떡잎식물

*사랑의 빛이 가슴을 밝히고 있는 한
나는 오롯이 당신 안에
살고 싶습니다*

꽃의 도시, 피렌체

가뭄에 목이 타들어 가는 듯
가슴 밑바닥이 쩍쩍 갈라지는
소리가 들리는 날,
길고 푸르게 흘러내리는
아르노강 젖줄을 찾아 길을 걷는다

순간순간 토해내지는 한숨을
감추기 위해서는
꽃향기 물씬 나는 피렌체
긴 둔칫길이 참으로 절묘하다

이름도, 얼굴도 모르는 사람들 틈에
끼어 서 있는 작은 위안
군중 속에 숨어서 잠시 숨을 고르는 사이
가야 할 길을 잃었을 때는
가던 길을 잠시 접고 뒤돌아
걸어온 길을 되짚어 보아야 한다

수많은 사람들 속에 서 있는데
정작 내 안에 남은 사람이 없는 날

꽃의 도시, 피렌체에서
단테를 만나고
갈릴레이를 만나고
미켈란젤로를 만나본다

단테의 신곡이 심장을 달구어주는 땅
"그래도 지구는 돈다"는
갈릴레이 묘비명이 새겨진 땅,
미켈란젤로의 영혼이
말을 걸어주는 땅,

꽃의 도시 피렌체
사람이 훑고 지나간
그 자리에 아무 일도 없었던 것처럼
또다시 꽃잎이 벙근다

이름도 얼굴도 모르는 사람들 틈에 끼어
서 있는 작은 위안
군중 속에 숨어서 잠시 숨을 고르는 사이
가야할 길을 잃었을 때는
가던 길을 잠시 접고 뒤돌아
걸어온 길을 되짚어 보아야 한다

여행

가슴 속에 불끈 힘이 쥐어지는 순간,
오랜 멈춤의 시간을 박차고 일어나
길을 떠나라는 몸의 신호입니다

영혼의 갈망이 숨 고르기를 하는 순간,
더 멀리 뛰어, 더 높이 날아보라는
대자연의 메시지입니다

그런 날에는 무작정 길을 나서도
좋을 일입니다
다니면서 하나씩 버릴 짐덩이들을
바랑 속에 차곡차곡 개켜 넣고
무겁지도 더디지도 않은 발걸음으로
성큼 내딛어도 좋을 일입니다

"지금 나는 어떤 모습의 별 하나로
지구를 유영하고 있는가?"

그 자리에 멈추어 있을 때는
보이지 않던 모습이

그 자리에 멈추어 있을 때는
보이지 않던 모습이
지구의 반대편에 가서
서 있으면 보일 것만 같아
유성처럼 길고 긴 꼬리를 늘어뜨리며
어느 낯선 항구에 닻을 내려보아도
좋을 일입니다

지구의 반대편에 가서
서 있으면 보일 것만 같아
유성처럼 길고 긴 꼬리를 늘어뜨리며
어느 낯선 항구에 닻을 내려보아도
좋을 일입니다

어떤 순간에도
시간은 멈추지 않고 흘러가듯이
우리 몸의 세포 하나하나가 깨어
긴 호흡으로 새로운 시간을 만들어 내는 사이

미지의 공간 속에서
새로운 나를 발견하게 되는 여행!

지구를 떠도는
하나의 별이 되어볼 일입니다

한탄강 벼룻길

"귀신이 무서운 거이 아니라,
벼랑길이 무서운 거이 아니라,
악심 품은 사람이 가장 무서운 거여."

막걸리 한잔 걸치시고
한숨으로 토해내셨던
아버지 말씀이 귓전에
맴돌 때
어김없이 찾아드는 오한의 진저리,
그보다 먼저
사람이 몸서리쳐지는 날엔
한탄강 벼룻길을 걷는다

강으로 내려가는 길 끝,
막다른 절벽 앞에 서면
만나게 되는 벼룻길

비둘기낭 동굴에 들어가
직선으로 떨어지는
폭포 소리를 들으며
백비둘기가 되어 유영해본다

한탄강의 탄식을 품은
비둘기 둥지에는
가족의 생계를 위해
소 한 마리 끌고 비둘기낭마을로 찾아들어왔던
시아버님의 절박한 삶이 알을 까고 있었다

세상이 무서워 눈뜨고
서 있기 어려운 날
잠시 눈감으러 들어온
며느리의 삶을 어루만져주시려 하셨던 것일까,

벼룻길 언저리마다
삶의 흔적을 묻어두신 듯,
한탄강 벼룻길을 걷는 내내
아버지의 음성이 들린다

"벼랑길을 다 올라
 절벽에 서서
 벼랑 아래를 내려다보면
 그리 무서운 사람도 없는 거여."

고정관념에서 벗어나기

식탁에 앉아 밥을 먹으면
밥상이지만
그 자리에 앉아 공부를 하면
책상이 됩니다.

밥상인지 책상인지
이분화할 필요가 없음에도 불구하고
우리는
'이건 분명히 식탁이야!'
라는 이름 명사에 고정관념을 두고
각자의 잣대로 주장하게 됩니다.

모든 틀을 벗어날 때
비로소 자유로워질 수 있습니다.

밥상이든!
책상이든!
자신의 소용에 따라
필요 충분 조건으로 사용하면 될 뿐입니다.

고정관념에서 벗어나 보세요
불덩이가 쇳덩이를 녹일 수 있듯
순리로운 마음 하나로
세상을 녹일 수 있습니다.

내린천 휴게소

하늘 나린 물이 흐르고 흘러
사람 사는 땅 위에
희망의 정수박이가 되네

하늘의 순리대로
물 흐르듯 흐르고 흐르다
삶의 이정표가 되어주는
이곳!

하늘이 맞닿은 이곳에서
하늘의 소리를 들으며
쉬고, 쉬고, 또 쉬어가면 좋겠네

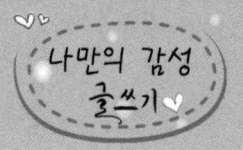

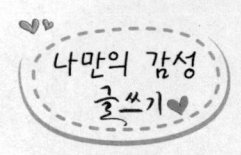

네 번째
치유

마음의 상처가 아무는 시간

순리 順理

바람 한 줄기가 불어도
우주 대자연의 인연법에 의해
부는 것이고
꽃잎 한 떨기가 떨어져도
우주 대자연의 이치에 의해
나부끼는 것입니다.

하물며
사람과 사람 사이에
인연이란 어떠할까요?

날마다 예배당으로
새벽 기도를 가야 하는 사람은
그 나름대로 인연이 있어
그러한 것이고
날마다 절집 마당에서
탑돌이를 하며 발원해야 하는 사람 또한
그 나름의 인연을 풀어내기 위한 방편으로
그러할 수밖에 없는 것입니다.

오고 감의 집착마저 없어지는
시점이 될 때까지는
인연 닿은 모든 것을
벗어던질 수가 없는 법

한 생각이 들어오면
무념의 영상을 위해
그것을 버리려고 하지 않아도 됩니다.
그 한 생각은 현실의 나를 반영하는 것이고
그 한 생각이 잘 숙성되고 나면
미래의 내가 보이게 될 것입니다.

가슴에 쌓인 한이 다 풀릴 때까지
눈물이 녹아내리고 나며
상처난 자리가 아물고
그 자리에 찬연한 웃음꽃이
피어날 수 있을 겁니다

눈물이 흐르면
흐르는 대로 그냥 두어야 합니다.
억지로 참으려 하지 않아도 됩니다.
아니, 오히려
통곡이라도 해서 풀어내야만 합니다.

가슴에 쌓인 한이 다 풀릴 때까지
눈물이 녹아내리고 나면
상처난 자리가 아물고
그 자리에 찬연한 웃음꽃이
피어날 수 있을 겁니다

모든 인연을 순리대로
받아들일 줄 알게 되면
세상 사는 일이 훨씬 여유로워질 것입니다.

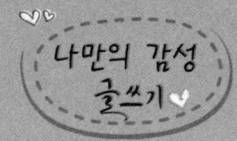

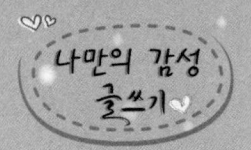

절제

자동차를 타고 드라이브를 할 때
반드시 브레이크를
밟아야 하는 순간이 있습니다.

멈추어야 할 순간에
멈출 수 있는 제동력!

그 힘을 발휘하지 못하면
차는 이미 낭떠러지로 떨어지듯이,

우리 인생에도
브레이크를 밟아야 할 순간이 있습니다.

그 제동력을 발휘하지 못하면
어느 순간 인생길은
급커브를 돌아 내리막길을
달리게 될 것입니다.

마음에도
멈추어야 할 시간에
멈출 수 있는 제동장치를
달아주세요

화를 다스려주세요

"장이 끓어 넘치면
그 집안은 망한다."
는 말이 있습니다.
이는 우리 선조들의
산 경험에서 나온 지혜입니다.

항아리에 고추장을
담아두었을 때
햇빛 좋은 날에는 뚜껑을 열어
바람과 햇빛을 만나게 해주고
비가 오는 날에는
뚜껑을 덮어 빗물을 막아주어야 합니다.

우리 가슴에
독버섯처럼 자라나는 화의 기운도
종갓집 장독대처럼
쓸고 닦고 어루만져가며
다스려야 합니다.

장독에 장이 끓어 넘치지 않게 해야 하듯이
우리네 가슴에 화가 끓어 넘치지 않도록

늘 화의 싹을 잘라내 주고

관심이라는 적당한 햇빛과
소통이라는 적당한 바람으로
천중혈 자리를 뚫어주어야 합니다.

道의 길

어떤 도인 한 분이
"저 산 끝에 도가 있습니다"
하길래,
도를 찾아 산길을 걷고 걷고 또 걸어
산 정상에 다다랐습니다.

산 정상에 올라 아래를 굽어보니
산 끝에는 산이 없고
도 대신
내가 서 있었습니다.

산을 오르며,
내려가는 길을 잃을까봐
돌 하나씩 던져두고 왔는데
산길을 내려오다 보니,
나 대신
돌들이 도를 닦고 있었습니다.

道 1
머물 때 머물 줄 알고
떠날 때 떠날 줄 아는 지혜

道 2
어떤 한계에 부딪혀도
그 한계에서
또 다른 길을 찾아낼 수 있는 힘

道 3
내 것이 아닌 것에
욕심내지 않고
내 것이라 해도
집착하지 않을 수 있는 내공

道 4
길이 아니면 가지를 말고
어차피 가야 할 길이라면
없는 길을 만들어서라도
반드시 갈 수 있는
용기와 끈기

道 5

하지 않아도 될 고민을
너무 많이 하고 사는
속 시끄러운 세상살이
조금 더 여여하게
벗어던지며 사는 법을
익히는 습習

자신의 자리에서
자신답게 사는 지혜
그것이 도인 줄 알면서도
나는 늘 끊임없이 바깥에서
도를 찾아 헤매고 있었습니다.

나를 사랑할 시간

내가 진정 행복할 때
남에게 행복을 나누어 줄 수 있고

내가 나를 사랑할 때
남에게 사랑스러운 모습으로 비추어질 수 있고

내가 나를 믿을 수 있을 때
남에게 믿음을 줄 수 있습니다

온전히 나를 사랑할 시간
심장에 손을 얹고
쓰담쓰담 말해주세요

너는 세상 누구보다 소중하단다!
나는 네가 너무 자랑스러워!
정말 사랑스럽구나!

세상을 움직일 수 있는
신과 같은 존재
바로 '나' 자신입니다

행복 연습

추적추적 비가 내리는 날
왠지 마음이 우울해지면
"아, 나는 유난히 감성이 풍부하구나!"
하며 비를 즐기기

태양 빛이 스펙트럼을 만드는 날
남들은 다 연인들과 함께 있는데
혼자 쓸쓸히 걸어야 할 때
'아무도 의식할 필요가 없네!'
그러니 그동안 먹고 싶었던 음식을
마음껏 먹고
가고 싶은 길을 걸으며
혼자만의 시간을 즐기기

몸이 으슬으슬 춥고 떨려 올 때
'아, 아직 내 몸의 세포가 잘 살아있구나!'
생각하며
그 시간에 나에게
보약 한 첩 지어주고
휴식할 수 있는 여유를 가져보기

누군가에게 철저한 배신감을 느꼈을 때
 '지상의 어느 한순간 나는 그에게 어떤 빚을 지었던 것일까?'
 눈에 보이지 않은 인연의 고리를 느껴보고
 그 어떤 순간도 원망의 바윗덩어리에
 짓눌리지 않도록 마음을 다스려보기

결국, 모든 건
 '나' 라는 주인공을 위해 준비된
시나리오이며 소품들이니
조금 더 완벽한 인생 무대
7막 8장을 열기 위해
이제부터는 행복 연습을 철저히 하기

도道를 아십니까?

지상에 살고 있는
우리는
이미 다 도인들일 겁니다

도가 닦여있지 않으면
지금 우리는 이 자리에서
웃고 있을 수 없을 것입니다

81자,
세상 경전 한 편을
해독하기 위해
81년을
세상 토굴에 앉아
도를 닦고 있는 우리들

아무리 돌고 돌아도 결국
"모든 진리는 하나로 통한다!"
는 자운 태사님의 말씀처럼

우리 인생은

둥근 세상에 둥근 진리 하나
촛불처럼 밝혀 들기 위해
살아가고 있는 것입니다

도道를 찾습니까?
우리들의 둥근 마음속에
이미 도가 있습니다

앞으로 달려가면 우주 한 바퀴를
돌아와야 할 마음이
잠시만 뒤돌아
둥근 마음의 원점을 볼 수 있다면
우리는 이미 도의 길 위에
서 있는 것임을
알 수 있을 것입니다

알아차림

물이 끓고 있다는 걸 모르고 만지면
큰 화상을 입게 되지만
위험성을 미리 알고
대처할 수 있다면
끓는 물로 커피 한잔을 타서 마시는
여유를 즐길 수 있습니다

가슴속에
펄펄 끓어오르는
화의 기운을 알아차리고
다스릴 수 있다면
6006번째 혈 자리를
깨울 수 있을 것이며

지구 한 바퀴를 막힘없이
돌고 돌아온 혈은
내 안의 존재자를
깨워줄 것입니다

길

망망대해에서 길을 잃었을 때는
동서남북 좌충우돌하지 말고
오직 북극성 하나를 바라보며 가면
결국은 육지를 만날 수 있다고 합니다

우리네 인생길 위에서도
사면초가로 온 사방이 다 막힌 듯해도
솟아날 구멍이 반드시 있을지니
그 한 곳을 찾아
끝없이 달리고 달린다면
무명의 어둠을 벗어날 수 있을 것입니다

자아의 발견

몸이 아플 때
가장 빨리 나을 수 있는 방법은
병든 부위를 찾아내어 처방하는 데 있고

마음이 아플 때
가장 빨리 나을 수 있는 방법은
주변이 어떤 악조건이라 해도,
상처마저도 흡수할 수 있을 만큼
내면이 말랑해지는 것입니다

모르는 게 무엇인지를
명확히 알아차렸을 때
더 많은 것을 배우고 익힐 수 있으며

자신이 발원하는 바가 무엇인지
깊이 알아차렸을 때
성취를 위한 노력을 할 수 있고
그 소원을 이룰 수 있습니다

그렇듯
자신의 본성을 발견하고 나면
자신을 극기할 힘을 얻을 수 있고
그 힘을 통해
외부로부터 들어오는
모순된 정보도 걸러낼 수 있습니다

'참나'의 모습을 찾아가는 과정
그것이 인생입니다

마음이 아플 때
가장 빨리 나을 수 있는 방법은
주변이 어떤 악조건이라 해도
상처마저도 흡수할 수 있을 만큼
내면이 말랑해지는 것입니다

마음의 범종

천둥 번개가 치는 날에도
대기를 벗어난 하늘은
언제나 푸르고

파도가 거세게 치는 날에도
바닷속 깊은 곳은
언제나 고요하고

휘영청 밝은 달이 뜬 밤이어도
지구 반대편 하늘에는
태양이 오롯이 떠 있습니다

우리들의 마음도
작은 일에 짜증이 나고
시시각각 변하는 정보로
마음이 요동을 치지만
마음 깊숙한 곳에서는
언제나 진리를 향한 본성이
그대로 우리를 비추고 있을 것입니다

파도치는 날
깊은 바다를 들여다보기 어렵듯,
폭우가 내리는 날
높은 하늘을 눈으로 보기 어렵듯,
가슴이 답답한 날
마음 깊은 곳을
바라보기란 더욱 어려운 일입니다

현상계를 뛰어넘은
마음으로 보아야만 볼 수 있는
단전의 세상

누구나 갖추고 있지만
아무나 볼 수는 없는
마음 깊은 곳에 있는
범종을 울려볼 수 있기를 축원합니다

관조 觀照

세상 누구도 순간순간 치밀어 오르는
감정에서 자유로울 수는 없습니다

마음속 깊은 곳에서
곪아가고 있는 말들을
고요히 비추어보고
울혈이 치올라오는
화의 실체를 가만히
들여다볼 수 있어야겠습니다

관조 된 상태의 말과 화들은
몰입 상태에서 벗어나
더욱 객관화될 수 있기에
맑은 물에 비친 물고기가
뻐금거리며 전하는 말이라도
알아들을 수 있을 것입니다

화에서 벗어나는 법
관조의 기법을 사용해 보세요
화의 실체를 먼저 마주치고 바라볼 때

정면돌파를 할지
우회적으로 돌아갈지
결정할 수 있기 때문입니다

참 나를 찾아

꽤 괜찮은 사람 같은데
때로 완전 형편없는 사람 같기도 하고

꽤 멋진 인생을 살고 있는 것 같은데
한편 너덜너덜한 옷을 기워입고 있는
인생을 살고 있는 것 같기도 하고

꽤 아름다운 사유를
할 줄 아는 사람 같은데
가끔 머릿속에
똥만 가득 찬 사람 같기도 한,

내 안에 살고 있는 너는 도대체 누구일까?

*내 안에 살고 있는
너는 도대체
누구냐—?*

斷 끊을 단

복닥거리는 마음속을
비워내기 어려운 날에는
먼저
내장 속을 비워내 봅니다

斷食 단식
斷念 단념
斷切 단절

밥을 끊고
생각을 끊고
관계를 끊어내는 사이

마음속을 부표하는
허섭스레기들을
비우고 또 비우고
심지 굳은 것들로만
제자리를 잡아봅니다

술

가슴에 삭여야 할 게 많은 날엔
술을 마신다

괜찮다
잘했다
술술 풀어라

너의 뜨거운 가슴처럼
술도 삭을 대로 삭았을 때
맛이 더 깊더라

괜찮다
잘했다
술술 풀어라

사랑

지상의 모든

  사
      랑
        은

매 순간 절실하고도 애달프다
늘 첫사랑인 것처럼

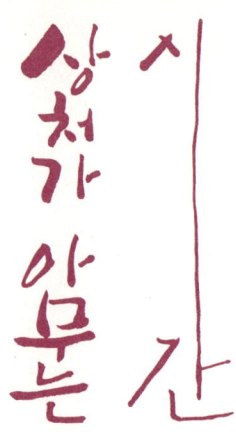

상처가 아무는 시간

종이날에 슬쩍 베인 손가락이
아무는 데도
꽤 많은 시간이 필요합니다

상처가 깊이 파일수록
아무는 시간은
그만큼 더 오래 걸리겠지요

눈에 보이는 상처는
연고도 바르고
밴드라도 붙여줄 수 있지만

상대의 억새풀 같은 말과 행동에
베인 마음은
아무리 아리디아려도
약 한 번 발라줄 수가 없습니다

몰매를 맞는다고 맷집이 강해지는 것이 아니고
오히려 장독으로 죽게 되듯,
마음을 단련하기 위해 강하게 후려친다고
마음이 독해질 수 있는 것이 아닙니다

영혼이 맑고 투명할 때
오직 자신의 심장에서만
스며 나오는 빨간약 한 방울
"천사의 눈물"이 흘러나오는 때가
마음의 상처가 아무는 시간입니다

치유의 시간

조그만 가시라도
내 손톱 끝에 들어가면
아리고 쓰린 고통을 느끼게 되지만

타인의 가슴에
대못이 박혀있어도
그 고통을 직접 느낄 수는 없습니다

자신의 손톱 밑에 가시를 빼듯
타인의 가슴에 박힌 대못을
빼줄 수 있는 치유의 시간

사람으로 인해 박힌 마음의 대못은
어느 명의라도 빼낼 수 없는 일이지요

그 상처를
치유할 수 있는 단 하나의 방법은
온 마음을 열고 다가가
온몸으로 부둥켜안고

온 영혼의 울림으로
대화를 나누는 것입니다

오늘 이 시간
나의 작은 말 한마디에
상처받았을 누군가를 위해
가슴을 열고 달려가 보아야겠습니다

마음 밭에 뿌린 씨앗

사람이 사람을 미워하고
원망하는 일만큼
쉬운 일이 또 있을까요?

내 마음에 들지 않는다는 이유로,
내 기준에 맞지 않는다는 잣대로,
내 생각과 다른 생각을 한다는 오해로,
우리는 너무 쉽게 미움과 원망의
씨를 뿌리며 살아갑니다

그러나 알고 보면
사람이 사람을 미워하고 원망하는 일만큼
어려운 일이 또 있을까요?

마음속에 미움의 씨앗 한 알이
싹이 터 자라기까지
심장에 발 뻗고 잠든 척하던 뿌리는
독이 되어 자랄 것이고

마음속에 원망의 씨앗 한 알이

싹이 터 자랄 때까지
혓바닥에 돋쳤던 가시는
지구 한 바퀴를 돌고 돌아
언젠가 다시 자신의 귀를 멀게 할지니,

가슴에
미움과 원망의 씨앗을
키우는 일만큼
두렵고 무서운 일이 또 있을까요?

미움을 가지치기한 자리에
사랑의 새순이 돋고
원망을 가지치기한 자리에
소망의 새순이 돋고
오해를 가지치기한 자리에
이해의 새순이 돋아날 것입니다

마음의 밭에 무성하게 자라난
미움과 원망의 가지들을
가지치기해 주세요

그리고 텅 빈 마음 밭에
사랑과 이해와 용서와 축복의
씨앗을 뿌려주세요

오늘 마음 밭에 뿌린 씨앗이
행복이라는 열매로 열릴 것입니다

미움을 가지치기한 자리에
사랑의 새순이 돋고
원망을 가지치기한 자리에
소망의 새순이 돋고
오해를 가지치기한 자리에
이해의 새순이 돋아날 것입니다

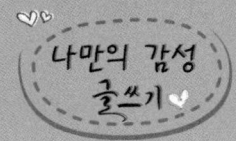

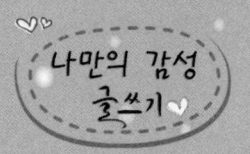

방하착 放下着

마음을 내려놓으라는데
도무지 어떻게 생긴 놈인지 모르겠더니

요 놈! 딱 걸렸네!
나를 닮은 옹고집 한 놈
나인 '척' 하는
요놈을 잘 어루만져야겠구나

까르마

어떤 순간에도
자신의 이익을 위해
상대를 억울하게 해서는 안 됩니다

어떤 순간에도
자신의 입장을 위해
상대를 궁지로 몰아서는 안 됩니다

그렇게 상대의 가슴에 쌓인 한은
원망의 깊이만큼 참혹한 비수가 되어
내 가슴을 찌르게 됩니다

지금 물수제비 뜬 돌멩이가
당장 강물에 빠지지 않더라도
몇 번이고 물을 스쳐
결국은 물속으로 빠지게 되듯

현생에 지어놓은 업이라는 돌멩이는
언젠가 반드시
자신의 까르마로 업식 되어

인생 파일에 저장됩니다

저장되기는 쉬워도
삭제하기는 쉽지 않은 데이터베이스
악업의 까르마를 줄이며 살아야 합니다

* 까르마Karma : 힌두교에서 말하는 업業

분노의 감정에서 자유로워지는 연습

억울한 일이 있을 때
분노의 감정에서 자유로울 수 있는 사람은
아무도 없을 것입니다

다만, 분노의 감정을 알고 나면
화의 불길을 조절할 수 있을 뿐입니다

악조건의 현실에 놓이게 되면
첫 번째, 자신에게 닥친 현실을
누구라도 부정하게 됩니다

두 번째, 분노가 극에 달하고
세 번째, 자학의 순간을 경험한 후
네 번째, 처절한 자기 합리화 해체 후
다섯 번째, 본질을 인정하게 되거나
받아들일 수 없다면
극한의 결과를 초래할 수도 있습니다

'분노 다스리기'의 중요성이 여기에 있습니다
어떤 악조건도 순리로 풀어

해피엔딩이 되도록 하기 위해
분노의 과정을 얼마나
축소할 수 있느냐에 달려있습니다

분노의 상황을 느꼈을 때
발단, 전개, 위기, 절정, 결말이라는
뻔한 단계를 직시하고 나면
화의 불꽃은 조절할 수 있습니다.
가령, 지금 무엇 때문에 화가 났는지
인식하고 자신의 내면을 들여다보며

다음 단계를 느끼고
그 단계를 인정하고
흡수하는 마음 훈련을 하는 것입니다

우리 모두의 인생은 그렇게
ING 형입니다

마음 청소

이 세상에는
처음부터 나쁜 사람은 한 사람도 없습니다

모든 악은 상황과 조건 속에서
생겨날 뿐이지요

곰팡이가 필 조건이 되어야
곰팡이가 피듯
악의 열매가 열릴 조건이 되면
악이 달리게 되고
선의 열매가 열릴 조건이 되면
선이 달리게 됩니다

곰팡이가 생기지 않게 하기 위해
늘 방 청소를 하듯
우리 마음에 악의 누룩이 자라지 못하도록
늘 마음의 방을 쓸고 닦는
청소를 해야겠습니다

척, 척, 척

속은 시커멓게 문드러져도
아닌 척, 괜찮은 척, 멀쩡한 척,
'척척척' 하며 웃는다

괜찮다, 잘하고 있는 거다
가식이 아니라 상대에 대한 배려다
거짓이 아니라 자신을 위한 보호막이다

"생일에 진수성찬을 먹기 위해
 아흐레를 굶었더니
 결국, 생일날 죽고 말았다"
는 옛이야기가 있습니다

행복한 미래를 준비하기 위해
날마다 성성한 밥을 씹어 삼키고
마음의 칼날을 갈며 보냈다면
결국, 행복한 날이 왔을 때
그 사람은 이미 세상 사람이
아닐지도 모릅니다

우리에게 주어진 '오늘' 이라는 행운과
지금 이 순간에 함께 한
모든 '인연' 을 위해 기도하며

자신에게 허락된 조건만큼의 시간을 즐기고
가꾸어 가다보면
어느새 행복이라는 양탄자를 깔고 앉아 있는
자신을 발견할 수 있을 것입니다

순간순간의 좋은 기운이 쌓이고 쌓였을 때
비로소 피어나는 꽃!
'행복꽃'을 피우는 오늘이길
축원합니다

우리에게 주어진 '오늘'이라는 행운과
지금 이 순간에 함께 한
모든 '인연'을 위해 기도하려
자신에게 허락된 조건만큼의 시간을 즐기고
가꾸어 가다보면
어느새 행복이라는 양탄자를 깔고 앉아 있는
자신을 발견할 수 있을 것입니다